Presentado a:

_____

Por:

_____

Fecha:

12/23/2015

Por motivo de:

_____

NUNCA
PIERDA
LA
esperanza

NUNCA
PIERDA
LA
esperanza

JOYCE MEYER

AUTORA DE ÉXITOS DE VENTAS NO. 1 DEL *New York Times*

CASA
CREACIÓN

Nunca pierda la esperanza por Joyce Meyer
Publicado por Casa Creación
600 Rinehart Road, Lake Mary, Florida 32746
www.casacreacion.com

Originally published in the U.S.A. under the title:
Never Lose Heart; published by Warner Faith
Copyright © 2002 by Joyce Meyer
All rights reserved.

Edición en español,
Copyright © 2015 por Casa Creación
Todos los derechos reservados

This edition published by arrangement with
FaithWords/Hachette Book Group, Inc., New York,
New York, USA. All rights reserved.

Traducción y edición: LM Editorial Services, una
compañía de M&L Enterprises Group, LLC
Diseño de la portada: Lisa McClure
Director de diseño: Justin Evans

Visite la página web de la autora:
www.joycemeyer.org

Library of Congress Control Number: 2015947427
ISBN: 978-1-62998-310-3
E-book ISBN: 978-1-62998-779-8

Impreso en los Estados Unidos de América
15 16 17 18 19 * 6 5 4 3 2 1

CONTENIDO

Contenido

Primera parte

Cuando sienta estrés

*La paz llega a cada situación cuando
nos decidimos a escuchar y obedecer
al Señor. Tenemos que seguir a la
Sabiduría para vivir vidas bendecidas.*

La Palabra de Dios para usted

*Por nada estéis afanosos, sino sean conocidas
vuestras peticiones delante de Dios en toda
oración y ruego, con acción de gracias.
Y la paz de Dios, que sobrepasa todo*

entendimiento, guardará vuestros corazones
y vuestros pensamientos en Cristo Jesús.

[FILIPENSES 4:6–7]

Cuando sienta estrés

Hace unos años, fui a ver al médico porque estaba enferma constantemente. Me dijo que los síntomas eran el resultado de estar bajo estrés. Estaba durmiendo mal, comiendo mal, y empujándome a mí misma cada vez más y más, todo en nombre de trabajar para el Señor.

La palabra *estrés* proviene originalmente de un término que se usa en la ingeniería para hacer referencia a la cantidad de fuerza que una viga u otro soporte estructural podría soportar sin colapsar ante la presión. Ahora se acepta el uso de ese término para denotar tensión física y emocional.

El estrés es una parte normal de la vida de todos. Dios nos ha creado para soportar cierta cantidad de presión y tensión. El problema viene cuando nos empujamos más allá de nuestras limitaciones y nos arriesgamos a provocarnos daño permanente.

Se supone que la paz sea la condición normal para todo creyente en Cristo Jesús. Él es el Príncipe de paz, y en Jesús encontramos nuestra propia herencia de paz. Es un don del Espíritu Santo, el cual Él nos da al vivir en obediencia a su Palabra.

La paz que Cristo da opera en tiempos buenos y malos, cuando tiene abundancia o cuando sufre escasez. Su paz opera en medio de la tormenta.

La Palabra de Dios para usted

¿O ignoráis que vuestro cuerpo es templo del Espíritu Santo, el cual está en vosotros, el cual tenéis de Dios, y que no sois vuestros? Porque habéis sido comprados por precio; glorificad, pues, a Dios en vuestro cuerpo y en vuestro espíritu, los cuales son de Dios.

[1 CORINTIOS 6:19–20]

¿No has sabido, no has oído que el Dios eterno es Jehová, el cual creó los

confines de la tierra? No desfallece,
ni se fatiga con cansancio, y su
entendimiento no hay quien lo alcance.
El da esfuerzo al cansado, y multiplica
las fuerzas al que no tiene ningunas.

[ISAÍAS 40:28–29]

REFRESQUE AL AGOBIADO

La primera clave para manejar o vencer al estrés es reconocer o admitir que estamos estresados. Aunque sufría constantes dolores de cabeza, de espalda, del estómago, del cuello, además de todos los otros síntomas del estrés, se me hacía muy difícil admitir que estaba esforzándome demasiado en lo físico, mental, emocional y espiritual. Estaba haciendo el trabajo que sentía que Dios quería que yo hiciera sin preguntarle a Él primero para saber cuál trabajo quería que yo hiciera, en qué momento quería Él que yo lo hiciera, y en qué cantidad. Si abusamos de nosotros mismos, sufriremos las consecuencias.

Aunque el Señor da poder a los desfallecidos y a los agobiados, si usted se encuentra cansado debido a que ha rebasado sus límites físicos, usted necesita reposo físico. El Señor podría, en su misericordia, darle energía sobrenatural en algunas instancias particulares, pero usted está en desobediencia cuando abusa de su cuerpo, el templo del Espíritu Santo.

Si usted quiere que Dios fluya y obre a través de usted, tiene que cuidar de su cuerpo para que Dios le pueda utilizar. Si usted agota su cuerpo, ¡no tiene un repuesto guardado en una gaveta que pueda sacar!

*La unción de Dios se retira cuando
usted opera fuera de sus indicaciones.*

La Palabra de Dios para usted

*Yo, la sabiduría, habito con la cordura,
Y hallo la ciencia de los consejos.*

[PROVERBIOS 8:12]

*La ciencia del prudente está
en entender su camino;
Mas la indiscreción de los necios es engaño.*

[PROVERBIOS 14:8]

La prudencia

Una palabra acerca de la cual usted no oye mucha enseñanza es "prudencia". En las Escrituras, "prudencia" o "prudente" significa ser buenos mayordomos de los dones que Dios nos ha dado a utilizar. Esos dones incluyen el tiempo, la energía, la fortaleza física y la salud, así como los bienes materiales. Incluyen tanto nuestros cuerpos como nuestras mentes y espíritus.

Así como se nos han dado dones distintos a cada uno de nosotros, también se nos ha dado la habilidad distinta de manejar esos dones. Algunos tenemos mejor habilidad de gobernarnos a nosotros mismos que los demás.

Cada uno de nosotros tenemos que reconocer cuánto podemos manejar. Tenemos que tener la habilidad de reconocer el momento en que llegamos a la "capacidad máxima" o la "sobrecarga". En lugar de sobrecargarnos para complacer a los demás, tenemos que escuchar al Señor y obedecerle. Tenemos que seguir a la Sabiduría para gozar de vidas bendecidas.

Nadie puede quitar todos los estresores en nuestras vidas, es decir, aquellas cosas que causan o aumentan el estrés. Por ello, cada uno de nosotros debe ser *prudente* para identificar y reconocer los estresores que más nos afecten y aprender a responder a ellos con la acción correcta.

*Dios es bueno, y quiere que
usted crea que Él tiene un buen
plan para su vida, y que Él está
obrando en medio de su situación.*

La Palabra de Dios para usted

*Acontecerá que si oyeres atentamente la voz
de Jehová tu Dios, para guardar y poner
por obra todos sus mandamientos que yo
te prescribo hoy, también Jehová tu Dios te
exaltará sobre todas las naciones de la tierra.
Te pondrá Jehová por cabeza, y
no por cola; y estarás encima
solamente, y no estarás debajo . . .*

[DEUTERONOMIO 28:1, 13]

. . . de modo que sirvamos bajo el
régimen nuevo del Espíritu y no
bajo el régimen viejo de la letra.

[ROMANOS 7:6]

ALIVIAR EL ESTRÉS

Cuando comencé a preparar este mensaje sobre el estrés, le pedí al Señor que me mostrara la manera en que Él quería que presentara este material. La respuesta que me dio es un mensaje, una palabra del corazón del Padre para el Cuerpo de Cristo en esta hora, y en este tiempo.

Otra palabra importante respecto al alivio del estrés es la *obediencia*.

Podremos tener estrés, pero estaremos *sobre* él, y no *debajo*. ¡Hay una gran diferencia entre estar *bajo* estrés y por *encima* de una situación!

A todos nos llegan situaciones que no nos agradan. Pero con el poder de Dios, podemos atravesar esas situaciones libres de estrés.

Aunque en ocasiones atravesemos tiempos difíciles, al igual que las personas en el mundo, podemos estar por encima del estrés y no por debajo si somos obedientes a la Palabra de Dios y sus indicaciones.

¿Cree usted que Dios le está llevando a un lugar de triunfo y victoria, y no a un lugar de derrota? ¡Como hijo de Dios y creyente en Jesucristo su respuesta sería que sí! Si como creyentes escucháramos todo cuanto nos dice el Señor y le obedeciéramos, no entraríamos tan frecuentemente en ese estado de derrota.

El simple acto de obedecer
las indicaciones del Espíritu
Santo, con frecuencia, aliviará
el estrés rápidamente.

La Palabra de Dios para usted

¿No sabéis que si os sometéis a alguien como
esclavos para obedecerle, sois esclavos de
aquel a quien obedecéis, sea del pecado para
muerte, o sea de la obediencia para justicia?

[ROMANOS 6:16]

*Ahora, pues, si diereis oído a mi voz, y
guardareis mi pacto, vosotros seréis
mi especial tesoro sobre todos los
pueblos; porque mía es toda la tierra.*

[ÉXODO 19:5]

LA UNCIÓN DE DIOS ESTÁ
SOBRE LA OBEDIENCIA

El poder y la gracia de Dios están disponibles para nuestro uso. Dios nos capacita o nos da una unción del Espíritu Santo para hacer lo que *Él* nos diga que hagamos. A veces proseguimos con nuestros planes originales aun después de que Él nos ha indicado que debemos movernos en otra dirección. Si estamos haciendo algo que Él no haya aprobado, entonces el Señor no está bajo ninguna obligación de darnos la energía para lograrlo. Estamos obrando bajo nuestras propias fuerzas en lugar de obrar bajo el control del Espíritu Santo. Entonces nos ponemos tan estresados, o frustrados, o quemados, que perdemos el dominio propio, sencillamente por ignorar las indicaciones del Espíritu.

Muchas personas están estresadas y quemadas por haber seguido sus propios caminos en lugar de ir por el camino del Señor. Terminan en situaciones estresantes cuando van en dirección distinta a la que el Señor les indicó. Entonces se queman en medio de la desobediencia, y le ruegan a Dios que los unja, en medio de su lucha por terminar lo que comenzaron fuera de la dirección de Dios.

Dios es misericordioso, y nos ayuda en medio de nuestros errores. Pero no nos va a dar fortaleza y energía para desobedecerle continuamente. Podemos evitar muchas situaciones estresantes, así como el vivir "atados en nudos", sencillamente con obedecer las indicaciones del Espíritu Santo de momento a momento.

Obedecer a Dios en las cosas
pequeñas hace una gran
diferencia en mantener al estrés
alejado de nuestras vidas.

La Palabra de Dios para usted

Estad quietos, y conoced que yo soy Dios;
Seré exaltado entre las naciones;
enaltecido seré en la tierra.

[SALMO 46:10]

Fíate de Jehová de todo tu corazón,
Y no te apoyes en tu propia prudencia.
Reconócelo en todos tus caminos,
Y él enderezará tus veredas.

[PROVERBIOS 3:5–6]

ESTÉN QUIETOS Y CONOZCAN A DIOS

Una de las razones principales por la cual tantos de nosotros estamos quemados o estresados es que no sabemos cómo estar quietos y "conocer" a Dios. Cuando pasamos tiempo con Él, aprendemos a oír su voz. Cuando le reconocemos, Él dirige nuestros pasos. Tenemos que aprender a estar callados internamente y permanecer en ese estado de paz para que siempre estemos listos a oír la voz del Señor.

Muchas personas hoy en día se la pasan brincando de una cosa a la otra. Por cuanto sus mentes no saben estar quietas, ellos no saben estar quietos.

Durante mucho tiempo sentí que tenía que buscar algo que hacer todas las noches. Tenía que estar envuelta y ser parte de lo que estuviese pasando. Pensé que no podía darme el lujo de perderme nada, porque no quería que pasara nada sin que yo lo supiera.

Sencillamente no podía sentarme y estar quieta. Yo no era un ser humano, era un hacer humano.

Tenemos que tener cuidado de someter nuestras ideas y planes a Dios, entonces bajar el ritmo y esperar. Asegúrese de que haya un sentido de paz para acompañar los planes e ideas. Pídale al Señor por su voluntad en su vida, entonces esté quieto y conozca que Él es Dios.

Dios le da lo mejor y lo más grandioso de sí mismo a quienes han puesto su confianza en Él. Estén quietos y permítanle mostrarse fuerte en sus vidas.

La Palabra de Dios para usted

La paz les dejo; mi paz les doy. Yo no se la doy a ustedes como la da el mundo. No se angustien ni se acobarden.

[JUAN 14:27, NVI]

Y la paz de Dios gobierne en
vuestros corazones, a la que
asimismo fuisteis llamados en un
solo cuerpo; y sed agradecidos.

[COLOSENSES 3:15]

JESÚS, NUESTRO PRÍNCIPE DE PAZ

Cuando estamos estresados, quisiéramos eliminar las causas de los problemas, pero la fuente del estrés realmente no son las dificultades, circunstancias y situaciones. El estrés llega por abordar los problemas con la perspectiva del mundo en lugar de la fe en Jesucristo, el Príncipe de paz.

Fue la sangre de Jesús la que compró nuestra paz, pero el precio que debemos pagar por la paz es la disposición de cambiar la manera en que abordamos la vida. Nunca disfrutaremos la paz sin tener la disposición de ajustarnos y adaptarnos. Tenemos que estar dispuestos a sacrificar el afán y el raciocinio si vamos a llegar a conocer la paz. No podemos tener ansiedad, frustración, ni actitudes rígidas y legalistas, y a la vez disfrutar la paz de Dios.

Aunque tengamos que lidiar con asuntos perturbadores, podemos tener la paz de Jesús, porque

Él ha "vencido al mundo" y "privado" al mundo de su poder para "dañarnos". ¡Nos dejó con el poder para "no permitir" que seamos "agitados y perturbados"! La paz está disponible, pero ¡tenemos que escogerla!

Jesús, el Príncipe de paz que mora en quienes le hemos recibido, conoce y nos revelará las acciones específicas que debemos tomar en cada situación para llevarnos a la paz.

Es absolutamente asombroso lo que podemos lograr en Cristo si vivimos un día a la vez en su paz.

La Palabra de Dios para usted

Aún estando nosotros muertos en pecados, nos dio vida juntamente con Cristo (por gracia sois salvos).

[EFESIOS 2:5]

*Pero él da mayor gracia. Por esto
dice: Dios resiste a los soberbios, y
da gracia a los humildes.*

[SANTIAGO 4:6]

LAS OBRAS Y LA GRACIA

Nos frustramos tanto porque estamos tratando de vivir por *obras* una vida que fue diseñada por Dios para vivirla por *gracia*. Mientras más tratamos de ver qué hacer para resolver nuestro dilema, más confundidos y alterados y frustrados nos volvemos.

Cuando usted entre en una situación frustrante, simplemente deténgase y diga: "Oh Señor, dame gracia". Entonces crea que Dios ha oído su oración y que está respondiendo a esa oración y que está obrando en medio de la situación.

La fe es el canal por el cual usted y yo recibimos la gracia de Dios. Si tratamos de hacer las cosas por cuenta propia sin estar abiertos a recibir la gracia de Dios, entonces no importa cuánta fe tengamos, aún podríamos no recibir lo que estamos pidiendo de parte de Dios.

Hace mucho tiempo, escribí esta declaración y la pegué a mi refrigerador:

Obras de la carne = Frustración.

Tenemos que confiar y depender de la gracia de Dios. Él sabe lo que enfrentamos en cada situación de la vida, y obrará todo para bien, si confiamos lo suficiente en Él como para permitirle que lo haga.

*Recuerde, no es con espada
ni con ejército, sino por el
Espíritu que logramos el triunfo
sobre nuestro enemigo.*

La Palabra de Dios para usted

*Y a Aquel que es poderoso para hacer todas
las cosas mucho más abundantemente
de lo que pedimos o entendemos, según
el poder que actúa en nosotros.*

[EFESIOS 3:20]

DIOS ES PODEROSO

Esta es una escritura poderosa que nos dice que nuestro Dios es poderoso; poderoso para hacer mucho más allá de cualquier cosa por la cual usted y yo nos atrevemos a creer, pedir o entender. Necesitamos orar, y pedir en fe y con confianza. Pero es Dios quien hace la obra, no nosotros. ¿Y cómo lo hace? *Según el poder que actúa en nosotros.* Cualquier cosa que usted y yo recibamos de Dios guarda relación directa con la cantidad de gracia que aprendemos a recibir.

Al yo tratar de cambiar, estaba colocando un estrés increíble sobre mi vida. Estaba bajo tremenda condenación, porque cada prédica que oía parecía decirme que cambiara. Sin embargo, no podía cambiar, no importaba cuánto trataba, creía o confesaba. Estaba en un lío tremendo, porque veía todas las cosas en mí que tenían que ser cambiadas, pero no tenía poder alguno para realizar esos cambios.

El Señor tiene que ser nuestra Fuente y Suministro. Él es el único que puede traer cambios en nuestras vidas. Tuve que aprender a decir: "Padre, aunque no soy digna de tu ayuda, sé que los cambios que quieres en mi vida no van a resultar, a menos que añadas tu poder".

Dios promete fortalecernos
en nuestras debilidades si
confiamos en Él y volvemos
a Él. La gracia de Dios será
suficiente en nuestra necesidad.

Cuando sienta desánimo

El gozo y la felicidad no provienen de afuera. Provienen de adentro. Son una decisión consciente, una decisión deliberada, una que hacemos nosotros mismos con cada día de vida.

La Palabra de Dios para usted

Hubiera yo desmayado, si no creyese
que veré la bondad de Jehová
en la tierra de los vivientes.
Aguarda a Jehová;
Esfuérzate, y aliéntese tu corazón;
Sí, espera a Jehová.

[SALMO 27:13–14]

Porque yo sé muy bien los planes que
tengo para ustedes—afirma el Señor—,
planes de bienestar y no de calamidad, a
fin de darles un futuro y una esperanza.

[JEREMÍAS 29:11, NVI]

Segunda parte

Cuando sienta desánimo

Todos nos hemos sentido decepcionados en algún momento dado. Sería sorprendente si pasamos la semana sin toparnos con algún tipo de decepción. Nos proponemos a que algo ocurra de cierto modo, y nos decepcionamos cuando eso no se da.

La decepción desatendida se convierte en desánimo. Si permanecemos desanimados por mucho tiempo, estamos propensos a ser devastados, y la devastación nos deja incapaces de manejar nada.

Muchos cristianos devastados están tirados a la orilla de la carretera de la vida, porque no han aprendido a manejar la decepción. La devastación que experimentan ahora probablemente comenzó con una decepción menor que no se atendió adecuadamente.

¡No es la voluntad de Dios que vivamos decepcionados, devastados u oprimidos! Cuando nos volvemos "decepcionados", tenemos que aprender a reposicionarnos para evitar ser desanimados y luego devastados.

Cuando aprendemos a colocar nuestra esperanza y confianza en Cristo la Roca (1 Corintios 10:4) y resistimos al diablo desde el principio, podemos vivir en el gozo y la paz del Señor, libres del desánimo.

*Decídase a resistir al diablo
agresivamente para que usted
pueda vivir en la plenitud de la vida
que Dios ha provisto para usted
por medio de su Hijo Jesucristo.*

La Palabra de Dios para usted

*Sino que lo necio del mundo escogió
Dios, para avergonzar a los sabios;
y lo débil del mundo escogió Dios,
para avergonzar a lo fuerte;
Y lo vil del mundo y lo menospreciado*

escogió Dios, y lo que no es,
para deshacer lo que es,
A fin de que nadie se jacte en su presencia.

[1 CORINTIOS 1:27–29]

DIOS ELIGE A LOS IMPROBABLES

Cuando usted sienta desánimo, recuerde que Dios lo escogió a usted para su propósito, pese a que usted se sienta como candidato improbable. Al hacerlo, Él ha colocado una puerta ampliamente abierta ante usted para mostrarle su gracia, misericordia y poder sin límites para cambiar su vida.

Cuando Dios usa a alguno de nosotros, aunque todos nos podamos sentir inadecuados e indignos, entendemos que nuestro éxito no está en nosotros mismos sino completamente en Él: "Porque lo insensato de Dios es más sabio que los hombres, y lo débil de Dios es más fuerte que los hombres" (1 Corintios 1:25).

Cada uno de nosotros tiene un destino, y no hay razón alguna para no cumplirlo. No podemos utilizar nuestra debilidad como excusa porque Dios nos dice que su poder se perfecciona en la debilidad (2 Corintios 12:9). No podemos utilizar el pasado como excusa, porque Dios nos dice, por medio del apóstol Pablo, que "si alguno está en Cristo, nueva criatura es; las cosas viejas pasaron; he aquí todas son hechas nuevas" (2 Corintios 5:17).

Pase un tiempo a solas y haga un inventario de cómo se siente acerca de sí mismo. ¿Cuál es su imagen propia? ¿Se ve a sí mismo recreado en la imagen de Dios, resucitado a una vida nueva que tan solo espera a que usted la reclame?

Cada uno de nosotros puede
tener éxito en ser todo cuanto
Dios pretende que seamos.

La Palabra de Dios para usted

Por lo cual también nosotros sin cesar damos
gracias a Dios, de que cuando recibisteis
la palabra de Dios que oísteis de nosotros,
la recibisteis no como palabra de hombres,
sino según es en verdad, la palabra de Dios,
la cual actúa en vosotros los creyentes.

[2 TESALONICENSES 2:13]

SOMOS UNA "OBRA EN PROGRESO"

L e motivo a que diga todos los días: *"Dios está obrando en mí ahora mismo; ¡me está cambiando!".* Hable de su boca lo que dice la Palabra, no lo que usted siente. Cuando hablamos incesantemente de cómo nos sentimos, es difícil que la Palabra de Dios pueda obrar eficazmente en nosotros.

Cuando caminamos a ser todo lo que podemos ser en Cristo, cometeremos algunos errores; todos lo hacemos. Pero nos quita la presión de encima cuando nos damos cuenta que Dios está esperando que hagamos lo mejor que podamos. No está esperando que seamos perfectos (completamente inmaculados). Si fuéramos tan perfectos como intentamos ser, no nos haría falta un Salvador. Creo que Dios siempre dejará un número de defectos en nosotros, tan solo para que sepamos que necesitamos a Jesús a cada día.

No soy una predicadora perfecta. Hay momentos en que digo cosas incorrectamente, momentos cuando creo que he oído de parte de Dios y descubro que estaba oyendo de mí misma. Hay muchas ocasiones en que me quedo corta de la perfección. No tengo una fe perfecta ni una actitud perfecta, ni pensamientos perfectos ni caminos perfectos.

Jesús sabía que todo esto nos iba a ocurrir. Por eso es que Él está en la brecha entre la perfección de Dios y nuestra imperfección. Intercede *continuamente* por nosotros, porque nos hace falta *continuamente* (Hebreos 7:25).

No tenemos que creer que Dios solo nos acepta si actuamos perfectamente. Podemos creer la verdad de que Él nos acepta "en el Amado".

La Palabra de Dios para usted

Pelea la buena batalla de la fe, echa mano de la vida eterna, a la cual asimismo fuiste llamado, habiendo hecho la buena profesión delante de muchos testigos.

[1 TIMOTEO 6:12]

SEA UN PELEADOR

Ser agresivo es ser un peleador. De la misma manera que el apóstol Pablo dijo que había peleado la buena batalla de la fe (2 Timoteo 4:7), así mismo le instruyó a su joven discípulo Timoteo a pelear la buena batalla de la fe. De igual modo, estamos supuestos a pelear la buena batalla de la fe en nuestras vidas cotidianas mientras luchamos contra los enemigos espirituales en lugares altos, y en nuestra propia mente y corazón.

Una parte de pelear la buena batalla de la fe es poder reconocer al enemigo. Mientras sigamos siendo pasivos, Satanás nos atormentará. Nada va a cambiar en nuestra situación si todo lo que hacemos es sentarnos a desear que las cosas fueran distintas. Tenemos que tomar acción. En demasiadas ocasiones, no nos movemos contra el enemigo cuando viene contra nosotros con desánimo, duda, temor o culpa. Retrocedemos a alguna esquina y dejamos que nos apabulle.

Usted y yo no estamos supuestos a ser felpudos para el diablo, sino que estamos supuestos a ser peleadores.

Ahora el diablo quiere que peleemos en lo natural, contra todos quienes nos rodean. Pero Dios quiere que olvidemos toda la basura que Satanás revuelca dentro de nosotros para agitarnos contra los demás.

Alternamente, quiere que luchemos contra los enemigos espirituales quienes tratan de hacer guerra por nuestras vidas para robarse nuestro gozo y nuestra paz.

Arremeta contra Satanás cuando intente afianzarse contra usted, y jamás se fortalecerá.

La Palabra de Dios para usted

Porque todas las promesas de Dios son en él Sí, y en él Amén, por medio de nosotros, para la gloria de Dios.

[2 CORINTIOS 1:20]

CONFIANZA EN CRISTO

Varias partes de la Biblia, como por ejemplo en 1 Corintios 10:4, se refieren a Cristo como la Roca. En Colosenses 2:7, el apóstol Pablo nos dice que tenemos que estar arraigados y sobreedificados en Él.

Si nos arraigamos alrededor de Jesucristo, estamos en buena posición. Pero si nos arraigamos alrededor de cualquier otra cosa o persona, entonces estamos en problemas.

No hay nada ni nadie que sea tan sólido o confiable o inamovible como Jesucristo. Por eso es que no quiero que las personas se arraiguen en mí ni en mi ministerio. Quiero dirigir a las personas hacia Cristo. Sé que a fin de cuentas les fallaré de algún modo, al igual que sé que me fallarán a mí.

Ese es el problema con nosotros los seres humanos; siempre somos propensos a fallar. Pero Jesucristo no lo es. Ponga su esperanza en Él plena e inmutablemente. No la ponga en el hombre ni en las circunstancias, ni en nada o nadie más.

Si usted no coloca su fe y esperanza en la Roca de su salvación, entonces va rumbo a la decepción, la cual lleva al desánimo y la devastación. Debemos tener tal confianza en el amor de Dios para nosotros, que sabemos en lo profundo de nuestro interior que somos más que vencedores, no importa lo que venga contra nosotros.

Tenemos que llegar a un estado de insolvencia total en nuestras habilidades aparte de Cristo. Sin Dios, estamos indefensos, con Él nada es imposible para nosotros.

La Palabra de Dios para usted

. . . corramos con paciencia la carrera que tenemos por delante, puestos los ojos en Jesús, el autor y consumador de la fe, el cual por el gozo puesto delante de él sufrió la cruz, menospreciando el oprobio, y se sentó a la diestra del trono de Dios. Considerad a aquel que sufrió tal contradicción de pecadores contra sí mismo, para que vuestro ánimo no se canse hasta desmayar.

[HEBREOS 12:1–3]

SIGA CON LA VISTA PUESTA EN JESÚS

No se requiere de ningún talento especial para rendirse y tenderse a la orilla del camino de la vida y decir: "me rindo". Cualquier incrédulo puede hacer eso.

Usted no tiene que ser un cristiano para ser un derrotista. Pero una vez se agarra de Jesús, o mejor aún, cuando Jesús lo agarra a usted, y comienza a llenarle de fuerza, energía y valentía, algo raro y maravilloso comienza a ocurrir. ¡Él no le dejará rendirse!

Yo solía querer rendirme y rajarme. Pero ahora me levanto de la cama y comienzo cada día fresca y renovada. Comienzo mi día procurando a Dios en oración, leyendo la Biblia y hablando la Palabra.

El diablo podrá gritarme en el oído: *Eso no te hará nada de bien*. La Biblia dice que yo debo poner la mirada en Jesús y seguir su ejemplo. Él es mi Líder, el Autor y Consumador de mi fe.

Usted y yo tenemos que tomar la decisión que hoy, venga lo que venga, vamos a seguir esforzándonos.

La Palabra de Dios para usted

*Por nada estéis afanosos, sino sean conocidas
vuestras peticiones delante de Dios en toda
oración y ruego, con acción de gracias.
Y la paz de Dios, que sobrepasa todo
entendimiento, guardará vuestros corazones
y vuestros pensamientos en Cristo Jesús.*

[FILIPENSES 4:6–7]

MEDITE EN LAS COSAS DE DIOS

Si usted no quiere ser devastado por el desánimo, entonces no medite en sus decepciones.

¿Sabía usted que sus sentimientos están conectados a sus pensamientos? Si usted no cree que eso sea cierto, entonces saque como veinte minutos y no piense en nada más que sus problemas. Le aseguro que al final de ese plazo de tiempo, sus sentimientos, y tal vez hasta su semblante, habrán cambiado.

Me levanté un día pensando en un problema que tenía. De pronto, el Espíritu del Señor me habló. Me dijo: "Joyce, ¿vas a entrar en comunión con tu problema o conmigo?".

Cuando se decepcione, no se desanime ni sienta autocompasión. Por más mal que puedan parecer estar las cosas, aún tenemos una opción. Podemos decidir tener comunión con los problemas o tener comunión con Dios.

Podemos permitir que nuestros pensamientos se fijen en las cosas malas hasta que estemos totalmente desanimados y devastados, o podemos fijar nuestra atención en todas las cosas buenas que nos han ocurrido en la vida, y en todas las bendiciones que Dios aún tiene guardadas para nosotros en los días que están por delante.

Nuestros pensamientos son palabras silenciosas que tan sólo las oímos el Señor y nosotros, pero esas palabras afectan nuestro hombre interior, nuestra salud, nuestro gozo y nuestra actitud.

La Palabra de Dios para usted

Atrapen a las zorras, a esas zorras pequeñas
que arruinan nuestros viñedos . . .

[CANTARES 2:15, NVI]

ATRAPE A LAS ZORRAS

Las pequeñas decepciones pueden crear frustraciones, las cuales a su vez pueden llevar a mayores problemas que pueden ocasionar grandes daños.

Aparte de las grandes decepciones que ocurren cuando no logramos la promoción laboral o la casa que deseamos, podemos quedar igual de alterados por fastidios menores. Por ejemplo, suponga que alguien le deja plantado para un almuerzo. O suponga que usted da un viaje especial al centro comercial para aprovechar un descuento especial, pero se agotó el inventario del artículo que usted buscaba.

Estos tipos de frustraciones son menores, pero pueden sumarse para causar mucho agravio. Por eso es que tenemos que aprender a manejarlas y a mantener las cosas en perspectiva. De lo contrario, se nos pueden ir de la mano y formamos un escándalo.

Tenemos que estar vigilantes contra las zorras pequeñas que destruyen los viñedos, porque juntas pueden hacer tanto daño como las decepciones serias que frecuentemente las acompañan.

Tenemos que aprender a hacer según hizo Pablo en el libro de los Hechos, cuando la víbora se le prendió de la mano: ¡sencillamente se la sacudió (Hechos 28:1–5)! Si ponemos en práctica el principio de lidiar con las decepciones según lleguen, no crecerán hasta ser una montaña de devastación.

La victoria no es la ausencia
de los problemas; es la
presencia del poder de Dios.

La Palabra de Dios para usted

El misterio que había estado oculto desde
los siglos y edades, pero que ahora ha sido
manifestado a sus santos, a quienes Dios
quiso dar a conocer las riquezas de la gloria

*de este misterio entre los gentiles; que es
Cristo en vosotros, la esperanza de gloria.*

[COLOSENSES 1:26–27]

CRISTO EN USTED, LA
ESPERANZA DE GLORIA

Usted y yo solo podemos experimentar y vivir el poder de Dios en nuestras vidas por medio de Cristo en nosotros. Él es nuestra esperanza de ver cosas mejores.

La gloria de Dios es su excelencia manifestada. Como hijos de Dios, tenemos un derecho adquirido a precio de sangre que es experimentar lo mejor que Dios tiene para nosotros. Satanás lucha furiosamente contra el plan de Dios para cada una de nuestras vidas, y su arma principal es el engaño. Cuando somos engañados, creemos algo que no es cierto.

Cuando nos miramos a nosotros mismos y nuestras propias habilidades, nos sentimos derrotados, pero el recordar que Cristo vive en nosotros es nuestra esperanza de gloria. Nos mantiene alentados para seguir esforzándonos hacia cosas mejores. Nos limitamos a nosotros mismos cuando tan solo miramos hacia nosotros mismos y no vemos a Jesús.

El Señor ha destinado a su Iglesia para la gloria. Él vuelve por una iglesia gloriosa (Efesios 5:27). La gloria de Dios puede manifestarse en nosotros y sobre nosotros, pero solo en la medida en que creamos que sea posible.

Dios está buscando a alguien que crea y que reciba. ¡Él está esperando manifestar su gloria, en usted y a través de usted!

Cuando sienta preocupación

Dios tiene una morada secreta donde desaparece la preocupación y reina la paz.

La Palabra de Dios para usted

Humillaos, pues, bajo la poderosa mano de Dios, para que él os exalte cuando fuere tiempo; echando toda vuestra ansiedad sobre él, porque él tiene cuidado de vosotros.

[1 PEDRO 5:6–7]

*El Espíritu de Jehová el Señor está sobre
mí, porque me ungió Jehová . . . a ordenar
que a los afligidos de Sion se les dé gloria
en lugar de ceniza, óleo de gozo en lugar de
luto, manto de alegría en lugar del espíritu
angustiado; y serán llamados árboles de
justicia, plantío de Jehová, para gloria suya.*

[ISAÍAS 61:1, 3]

Tercera parte

Cuando sienta preocupación

Dios quiere cuidar de nosotros, pero para permitírselo, tenemos que dejar a un lado el afán. Muchas personas quieren que Dios cuide de ellas mientras están preocupadas o tratando de buscar una respuesta. En realidad, están regodeándose en sus "cenizas", pero aún quieren que Dios les dé belleza. Para que Dios nos dé belleza, primero tenemos que entregarle las "cenizas".

Le entregamos nuestros afanes al Señor al confiar que Él es capaz de cuidar de nosotros y lo hará. Hebreos 4:3 dice: "Pero los que hemos creído entramos en el reposo...".

Entramos en el reposo del Señor mediante el acto de creer. El afán es lo contrario a la paz. El afán nos roba la paz, nos agota físicamente, y hasta nos enferma. Si estamos preocupados, no podemos confiar en Dios, y no estamos entrando en el reposo de Dios.

¡Qué gran canje! Usted le da cenizas a Dios, y Él le da belleza. Usted le entrega todas sus preocupaciones y Él le da protección, estabilidad, un lugar de refugio y plenitud de gozo, el privilegio de estar bajo el cuidado de Él.

Jesús no se preocupaba, y nosotros
tampoco tenemos por qué hacerlo.

La Palabra de Dios para usted

El que habita al abrigo del Altísimo
Morará bajo la sombra del Omnipotente.

[SALMO 91:1]

HABITAR BAJO SU PROTECCIÓN

Dios tiene un lugar secreto en donde podemos habitar en paz y seguridad.

El lugar secreto es el lugar de descanso en Dios, un lugar de paz y consuelo en Él. Este lugar secreto es un "lugar espiritual", en donde se desvanece la preocupación y reina la paz. Es el lugar de la presencia de Dios. Cuando dedicamos tiempo a orar y buscar a Dios, y habitar en su presencia, estamos en el lugar secreto.

Cuando usted y yo *habitamos en el lugar secreto*, no tan solo pasamos por allí de vez en cuando, sino que establecemos una morada permanente allí.

El lugar secreto es un escondite, un lugar privado o un lugar de refugio. Es el lugar al cual corremos cuando estamos dolidos, abrumados o sentimos que desfallecemos. Es el lugar al cual acudimos cuando nos sentimos maltratados o perseguidos, cuando estamos en gran necesidad, o cuando sentimos que ya no soportamos más.

Necesitamos estar firmemente plantados en Dios. Tenemos que conocer la Fuente de nuestro auxilio en cada situación y en cada circunstancia. Precisamos tener nuestro propio lugar secreto de paz y seguridad. Necesitamos depender de Dios y confiar plenamente en Él.

Dios quiere que tomemos refugio bajo la sombra protectora de sus alas. ¡Quiere que corramos a Él!

La Palabra de Dios para usted

*No os afanéis, pues, diciendo:
¿Qué comeremos, o qué
beberemos, o qué vestiremos?
Porque los gentiles buscan todas estas
cosas; pero vuestro Padre celestial sabe
que tenéis necesidad de todas estas cosas.*

[MATEO 6:31–32]

NO TENGA ANSIEDAD

El problema con la preocupación es que nos lleva a comenzar a decir: "¿Qué tendremos para comer? ¿Qué tendremos para beber? ¿Qué tendremos de vestir?". En otras palabras: "¿Qué haremos si Dios no provee para nosotros?".

En lugar de calmar nuestros temores y remover nuestras preocupaciones, comenzamos a afanarnos con las palabras de nuestras bocas, las cuales tan sólo les da mayor arraigo.

El problema con este modo de hacer las cosas es que esa es la manera en que las personas actúan cuando no saben que tienen un Padre celestial. Pero usted y yo sabemos que tenemos un Padre celestial, así que actuemos como que lo tenemos.

Jesús nos asegura que nuestro Padre celestial sabe cuáles son todas nuestras necesidades antes de que se las pidamos. Entonces, ¿por qué afanarnos por ellas? En lugar de hacer eso, precisamos poner nuestra atención en las cosas que son mucho más importantes, las cosas de Dios.

Busque primero el reino de Dios
y su justicia; entonces todas las
otras cosas que necesitamos
nos serán añadidas.

La Palabra de Dios para usted

Pero pida con fe, no dudando nada;
porque el que duda es semejante a la
onda del mar, que es arrastrada por el
viento y echada de una parte a otra.
No piense, pues, quien tal haga, que
recibirá cosa alguna del Señor.

[SANTIAGO 1:6–7]

PERMANEZCA EN LO POSITIVO

S i llevamos nuestras preocupaciones al Señor en oración, pero seguimos afanándonos por ellas, entonces estamos mezclando fuerza positiva y negativa. La oración es una fuerza positiva, y la preocupación es una fuerza negativa. Si las juntamos, suman a cero. Yo no sé lo que usted quiere, pero yo no quiero tener cero poder, así que trato de no mezclar la oración con la preocupación.

Dios me habló una vez, y me dijo: "Muchas personas operan en cero poder porque siempre están mezclando lo positivo con lo negativo, tienen una confesión positiva por un rato, y luego una confesión negativa por otro rato. Oran por un rato, y luego se preocupan por otro rato. Confían por un rato, y luego se preocupan por otro rato. Como resultado, sencillamente van y vienen, sin lograr ningún progreso".

No magnifiquemos lo malo; ¡magnifiquemos lo bueno! Ampliémoslo al hablar de ello, al ser positivos en nuestros pensamientos, nuestras actitudes, nuestras perspectivas, nuestras palabras y nuestros hechos.

¿Por qué no tomar la decisión de permanecer en lo positivo al confiar en Dios y negarnos a preocuparnos?

Practiquemos el ser positivos en cada situación que surja. Aun si lo que está ocurriendo al momento no es muy bueno, espere que Dios le saque algún bien.

La Palabra de Dios para usted

Díganlo los redimidos de Jehová,
Los que ha redimido del poder del enemigo.

[SALMO 107:2]

El te librará del lazo del cazador,
De la peste destructora.
Con sus plumas te cubrirá,
Y debajo de sus alas estarás seguro;
Escudo y adarga es su verdad.

[SALMO 91:3–4]

SI ES UN REDIMIDO, ¡DÍGALO!

Cuando se dé cuenta que el diablo está tratando de distraerle, no se quede quieto mientras a usted lo apabullan con preocupaciones y pensamientos negativos. Abra la boca y comience a confesar su autoridad en Cristo.

A veces, cuando me estoy preparando para hablar en una iglesia o en un seminario, me comienzan a bombardear los pensamientos negativos. En esas ocasiones me aliento a mí misma y digo en voz alta: "Todo va a estar bien".

Satanás coloca pensamientos de afán y preocupación en nuestras mentes, en ocasiones "bombardeándolas" con ellos. Espera que los recibamos y comencemos a "decirlos" con nuestras bocas. Si lo hacemos, entonces tiene material para crear las circunstancias en nuestras vidas de las cuales nos ha estado trayendo esos pensamientos negativos.

Tan pronto reconocía esos pensamientos ansiosos y de malos augurios, y tomaba autoridad sobre ellos, Dios comenzaba a traer liberación a mi vida para que pudiese comenzar a disfrutarla.

No sea el portavoz del diablo.

Descubra lo que la Palabra de Dios le promete y comience a declarar su espada de doble filo (Hebreos 4:12).

Al hablar la Palabra por
nuestras bocas en fe, portamos
una poderosa espada de doble
filo que destruye al enemigo.

La Palabra de Dios para usted

Amados, ahora somos hijos de Dios, y
aún no se ha manifestado lo que hemos
de ser; pero sabemos que cuando él
se manifieste, seremos semejantes a
él, porque le veremos tal como él es.

[1 JUAN 3:2]

VIVA EN EL AHORA

En realidad, las decisiones que tomamos ahora determinarán si disfrutaremos el momento o si lo desperdiciamos con la preocupación. En ocasiones terminamos por perdernos el momento de hoy porque estamos demasiado afanados por el mañana. Tenemos que mantener nuestras mentes enfocadas en lo que Dios quiere que hagamos ahora.

Dios me dio una definición de la ansiedad: "La ansiedad es causada al tratar de interesarse mentalmente o emocionalmente en cosas que aún no han llegado (el futuro) o ya sucedieron (el pasado)".

Una de las cosas que tenemos que entender es que Dios quiere que aprendamos a ser personas del *ahora*. Por ejemplo, 2 Corintios 6:2 nos dice: "He aquí ahora el día de salvación", y Hebreos 4:7 dice: «Si ustedes oyen hoy su voz, no endurezcan el corazón» (NVI).

Tenemos que aprender a vivir en el ahora. Con frecuencia, invertimos nuestro tiempo mental en el pasado o en el futuro. Cuando no nos damos de todo lo que estamos haciendo en el momento, nos volvemos propensos a la ansiedad. Si vivimos en el ahora, encontraremos al Señor allí con nosotros. Independiente de las situaciones que la vida nos depare, Él ha prometido que jamás nos dejará ni abandonará, sino que nos ayudará y estará con nosotros siempre (Hebreos 13:5; Mateo 28:20).

No desperdicie su preciado "ahora" preocupándose por el ayer o el mañana.

La Palabra de Dios para usted

Pero sed hacedores de la palabra, y no tan solamente oidores, engañándoos a vosotros mismos.

[SANTIAGO 1:22]

ABANDONE EL RACIOCINIO EXCESIVO

¿Está usted tratando siempre de descifrarlo todo? Muchos de nosotros hemos caído en esa trampa. En lugar de echar nuestras cargas sobre el Señor, nos pasamos la vida cargándola toda.

Cuando tratamos de descifrarlo todo, estamos exaltando nuestro raciocinio sobre los pensamientos de Dios. Estamos colocando nuestros caminos por encima de sus caminos. Cuando Dios me reveló que tenía que abandonar el raciocinio excesivo que era contrario a la verdad, me pareció un gran reto. Me era insoportable si no lo tenía todo descifrado.

Por ejemplo, hace unos años atrás, Dios nos ordenó hacer algunas cosas en el ministerio de la cuales no tenía la menor idea por dónde comenzar. Pero Dios nunca me llamó para determinar precisamente cómo hacer todo lo que me pidió que hiciera. Me llamó a buscarle a *Él* en lugar de buscar la solución a mis problemas, y luego a obedecer lo que me dijo que hiciera.

Cuando nos afanamos, perdemos nuestra paz, y cuando tratamos de descifrarlo todo, caemos en la confusión. La confusión es el resultado de razonar con nuestro propio entendimiento cuando debemos estar confiando de todo corazón que el Señor abrirá el camino para nosotros conforme a su plan. Cuando confiamos en que sus pensamientos son mayores que nuestros pensamientos, atajamos la confusión antes de que comience.

La paz de Dios está siempre disponible, pero tenemos que escogerla.

La Palabra de Dios para usted

Confiad en Jehová perpetuamente, porque en Jehová el Señor está la fortaleza de los siglos.

[ISAÍAS 26:4]

Dios mío, en ti confío.

[SALMO 25:2]

DESARROLLE LA CONFIANZA

¿Cuántas veces se ha frustrado y alterado innecesariamente por situaciones difíciles que llegan a su vida? ¿Cuántos años de su vida se ha pasado diciendo: "Oh, yo creo en Dios, estoy confiando en Dios", cuando en realidad, todo lo que usted hacía era hablar negativamente, y tratar de descifrarlo todo por cuenta propia? Puede haber pensado que estaba confiando en Dios porque decía: "Confío en Dios", pero sentía pánico y ansiedad en su interior. Usted estaba aprendiendo a confiar en Dios, pero aún no había llegado a ese nivel.

La confianza se desarrolla con el tiempo. Típicamente se toma un plazo de tiempo para vencer una costumbre arraigada de preocupación, temor o ansiedad. Por eso es tan importante "estar firme" con Dios. No se quite ni se rinda, porque gana experiencia y fortaleza espiritual con cada batalla que atraviesa. Y se vuelve cada vez más fuerte que lo que era anteriormente. Tarde o temprano, si no se rinde, usted se volverá más fuerte de lo que el diablo puede manejar.

Si usted está en un tiempo de pruebas, utilice ese tiempo para forjar su confianza en Dios. Confíe en Él para liberarle o superarlo exitosamente.

La Palabra de Dios para usted

Sed sobrios.

[1 PEDRO 5:8]

Tú guardarás en completa paz a aquel cuyo pensamiento en ti persevera; porque en ti ha confiado.

[ISAÍAS 26:3]

SEA EQUILIBRADO

En medio de las situaciones difíciles, a veces nuestra ansiedad viene a estorbarnos de hacer lo que se supone que hagamos. Lo único que podemos hacer es brindar nuestro mejor esfuerzo, y entonces confiar en Dios por lo demás.

Funcionamos mejor cuando tenemos una mente tranquila y bien equilibrada. Cuando nuestra mente está tranquila, lo está sin temor, preocupación o tormento. Cuando nuestra mente está bien equilibrada, podemos evaluar la situación y decidir qué hacer o no hacer al respecto.

Donde la mayoría de nosotros nos metemos en líos es cuando nos salimos del equilibrio. O nos movemos a una postura de completa pasividad, en la cual no hacemos nada esperando que Dios lo haga todo por nosotros, o nos volvemos hiperactivos, obrando en la carne la mayor parte del tiempo. Dios quiere que estemos bien equilibrados para que podamos enfrentar cualquier situación en la vida y decir: "Bueno, creo que puedo hacer ciertas cosas respecto a esta situación, pero hasta ahí".

En lugar de turbarnos y llenarnos de temor y preocupación, necesitamos ir ante Dios y decir: "Bueno,

Señor, estoy creyendo que me puedes ayudar en esta situación, pero ¿habrá algo que quieras que yo haga?".

Necesitamos ser diligentes para hacer lo que sea que Dios nos muestre que tengamos que hacer respecto a nuestro problema. Entonces necesitamos confiar en Dios para el desenlace.

Una vez que hagamos todo lo que sepamos hacer, podemos confiar en Dios con lo que falte. Eso es lo que yo llamo fe y equilibrio.

Cuando sienta inseguridad

Dios está buscando a personas con una actitud correcta de corazón hacia Él, no una hoja de asistencia perfecta.

La Palabra de Dios para usted

. . . para que habite Cristo por la fe en vuestros corazones, a fin de que, arraigados y cimentados en amor, seáis

*plenamente capaces de comprender con
todos los santos cuál sea la anchura, la
longitud, la profundidad y la altura, y
de conocer el amor de Cristo, que excede
a todo conocimiento, para que seáis
llenos de toda la plenitud de Dios.*

[EFESIOS 3:17–19]

Cuarta parte

Cuando sienta inseguridad

Muchas personas tienen un sentido profundo de inseguridad porque no pueden aceptarse a sí mismos tales como son. ¿Está usted cansado de los juegos, de utilizar máscaras, y de tratar de ser lo que no es? ¿Acaso no quisiera usted la libertad de ser aceptado tal y como es, sin la presión de ser alguien que en realidad usted no sabe ser?

Dios quiere que aprendamos que nuestro valor no estriba en lo que hacemos sino en quienes somos en Él. Quiere que estemos dispuestos a ser quienes somos, con todo y debilidades, porque Él nos acepta incondicionalmente.

El plan del diablo es de engañarnos para que basemos nuestro valor en nuestro rendimiento, y luego mantener nuestro enfoque en todas nuestras faltas y defectos. Satanás quiere que tengamos una baja autoestima para que vivamos de manera ineficaz para Dios, siendo miserables y poco receptivos a las bendiciones de Dios, porque nos creemos indignos de ellas.

Es tan importante que tengamos un sentido positivo de estima y valor propio, y estemos seguros de quiénes somos en Cristo, y nos amemos a nosotros mismos. Una vez nos arraiguemos y edifiquemos en el amor de Dios, podemos hacer las paces con nosotros mismos, y así dejar de sentirnos inseguros.

Cada uno de nosotros es imperfecto,
y Dios nos ama tal como somos.

La Palabra de Dios para usted

Para que la participación de tu fe sea
eficaz en el conocimiento de todo el bien
que está en vosotros por Cristo Jesús.

[FILEMÓN 1:6]

Porque por tus palabras serás justificado,
y por tus palabras serás condenado.

[MATEO 12:37]

ELIMINE LO NEGATIVO

Si hablamos mal de nosotros mismos, nos sentiremos condenados. Apliquemos lo que Jesús enseñó sobre nuestras palabras como la primera clave para vencer la inseguridad y *jamás hablemos negativamente acerca de nosotros mismos.* Tenemos que hablar palabras que nos empoderen, no palabras que nos debiliten. Si queremos aumentar nuestra autoaceptación y mejorar nuestra opinión de nosotros mismos, tenemos que decidir que ningún comentario negativo jamás saldrá de nuestras bocas.

El diablo quiere que reconozcamos cada aspecto malo que vemos en nosotros mismos porque no quiere que la comunicación de nuestra fe sea eficaz. Como acusador de nuestros hermanos (Apocalipsis 12:9-10), el diablo continuamente trata de redirigir nuestro enfoque de quiénes somos en Cristo de vuelta a nuestros defectos.

Tenemos que entender quiénes somos en Cristo y ver cuánto ha hecho por nosotros para hacernos dignos mediante el derramamiento de su sangre. La comunicación de nuestra fe se hace eficaz al reconocer *toda cosa buena en Cristo Jesús,* no por reconocer *todo lo que anda mal* en nosotros. Hechos 10:15 dice: "Lo que Dios limpió, no lo llames tú común".

Jesús fue hecho perfecto para nosotros. Nuestra aceptabilidad para Dios no está basada en nuestro rendimiento, sino en nuestra fe y confianza en el rendimiento de Jesús.

La Palabra de Dios para usted

Sino también con respecto a nosotros a quienes ha de ser contada, esto es, a los que creemos en el que levantó de los muertos a Jesús, Señor nuestro.

[ROMANOS 4:24]

*Al que no conoció pecado, por nosotros
lo hizo pecado, para que nosotros
fuésemos hechos justicia de Dios en él.*

[ROMANOS 5:21]

LA JUSTICIA ES UN REGALO DE DIOS

Una de las primeras revelaciones que Dios me dio de su Palabra fue sobre la justicia. Por "revelación" me refiero a que un día, de pronto, entiende algo a tal grado que pasa a formar parte de usted. El conocimiento no está tan solo en su mente, ya no necesita renovar su mente a ello porque no se pregunta ni espera que sea verdad, *usted lo sabe.*

La justicia es un regalo de Dios para nosotros. Es "imputada", otorgada y acreditada a nosotros por virtud de nuestra creencia en lo que Dios hizo por nosotros a través de su Hijo Jesucristo. Jesús, quien no conoció el pecado, se hizo pecado para que pudiésemos ser hechos la justicia de Dios en Jesús.

Sobre todo, el diablo no quiere que andemos en la realidad de que estamos reconciliados con Dios. Quiere que nos sintamos inseguros, siempre contemplando lo que podría andar mal con nosotros.

Jesús quiere que sepamos que estamos bien con Dios por lo que Él ha hecho por nosotros. Quiere que vivamos en su Reino y tengamos gozo y paz en medio de toda tribulación.

Cuando mantenemos nuestros ojos puestos en el verdadero reino de Dios, en Él, en su justicia, su paz, y su gozo, lo demás nos será añadido en abundancia.

La Palabra de Dios para usted

Porque todos ofendemos muchas veces. Si alguno no ofende en palabra, éste es varón perfecto, capaz también de refrenar todo el cuerpo.

[SANTIAGO 3:2]

*La muerte y la vida están
en poder de la lengua,
Y el que la ama comerá de sus frutos.*

[PROVERBIOS 18:21]

Celebre lo positivo

Una clave para vencer la inseguridad es esta: *Medite y hable cosas positivas acerca de sí mismo.*

Nuestros pensamientos y palabras acerca de nosotros mismos son de tremenda importancia. Para vencer el pensamiento y expresiones negativos que han sido parte tan integral de nuestro estilo de vida por tanto tiempo, tenemos que hacer un esfuerzo consciente de pensar y hablar cosas buenas acerca de nosotros mismos a nosotros mismos mediante confesiones positivas.

Necesitamos alinear nuestras bocas con lo que la Palabra de Dios dice respecto a nosotros. La confesión positiva de la Palabra de Dios debe ser una costumbre arraigada en la vida de cada creyente. Si usted aún no ha comenzado a desarrollar esta costumbre importante, comience hoy. Comience a pensar y a decir cosas acerca de usted mismo. "Soy la justicia de Dios en Jesucristo. Prospero en todo aquello que ponga mis manos. Tengo dones y talentos, y Dios me está usando.

Opero en el fruto del Espíritu. Ando en amor. El gozo fluye a través de mí".

La Biblia enseña que podemos apropiarnos de las bendiciones de Dios en nuestras vidas al creer y confesar las cosas positivas que Dios ha dicho acerca de nosotros en su Palabra.

Si usted continuamente habla sobre usted y lo que la Palabra de Dios dice acerca de usted, recibirá resultados positivos.

La Palabra de Dios para usted

Esto dijo, dando a entender con qué muerte había de glorificar a Dios. Y dicho esto, añadió: Sígueme. Volviéndose Pedro, vio que les seguía el discípulo a quien amaba Jesús, el mismo que en la cena se había recostado al lado de él, y le había dicho: Señor, ¿quién es el que te ha de entregar?

*Cuando Pedro le vio, dijo a
Jesús: Señor, ¿y qué de éste?*

[JUAN 21:19–21]

EVITE LAS COMPARACIONES

La próxima clave para vencer la inseguridad es sencilla: *Jamás se compare a usted mismo con ninguna otra persona, porque ello invita a la condenación.*

Realmente quiero motivarle a dejar de compararse con las demás personas sobre su apariencia, el puesto que usted ocupa, o la cantidad de tiempo que usted ora. La comparación tan solo estorba la obra de Dios en su vida.

Tampoco debemos comparar nuestras pruebas y dificultades con las de las demás personas. Algunas situaciones le podrían parecer difíciles. Pero usted no puede decirle al prójimo: "¿Por qué es que todo esto me está pasando y a usted todo le sale bien?".

Jesús le reveló a Pedro, con antelación, parte del sufrimiento que atravesaría. Pedro inmediatamente quiso comparar su sufrimiento y el de otro al decir: "¿Y qué de este?".

«Jesús le dijo: "Si quiero que él quede hasta que yo venga, ¿qué a ti? Sígueme tú" (Juan 21:22)».

Esa es su respuesta para nosotros también. No estamos llamados a comparar, sino solo a cumplir con su voluntad para con nosotros.

*Dios quiere que usted sepa
que es único y que Él tiene
un plan individualizado y
específico para su vida.*

La Palabra de Dios para usted

*De manera que, teniendo diferentes
dones, según la gracia que nos es
dada, si el de profecía, úsese . . .*

[ROMANOS 12:6]

Todo lo puedo en Cristo que me fortalece.

[FILIPENSES 4:13]

Enfóquese en el potencial, no en las limitaciones

Para poder ser usted mismo exitosamente, crear confianza y vencer la inseguridad, usted debe *enfocarse en el potencial y no en las limitaciones*. En otras palabras, enfóquese en sus fortalezas en lugar de enfocarse en sus debilidades.

Realmente usted y yo podemos hacer *todo* lo que queramos hacer. No podemos hacer nada ni todo lo que los demás hacen. Pero podemos hacer *todo lo que Dios nos llamó a hacer*. Y podemos ser cualquier cosa que *Dios dice que podemos ser*.

Cada uno de nosotros está lleno de dones, talentos, potenciales y habilidades. Si comenzamos verdaderamente a colaborar con Dios, podremos ir en pos de lo mejor que Dios tiene para nosotros. Pero si nos proponemos ideas demasiado filosóficas y nos fijamos metas que van más allá de nuestras habilidades y de los dones de gracia en nuestras vidas, entonces nos frustraremos. No alcanzaremos esas metas, y hasta podríamos llegar a culpar a Dios por nuestro fracaso.

Los dones y talentos son distribuidos por el Espíritu Santo conforme a la gracia de cada persona para trabajar con ellos. Si usted va a amarse a sí mismo, si va a ser usted mismo de manera exitosa, entonces tendrá que enfocarse en su potencial, lo que Dios le creó para ser, y no en sus propias limitaciones.

Si Dios le ha llamado a ser algo,
encontrará que lo ama pese a
cualquier adversidad que le llegue.

La Palabra de Dios para usted

Pues, ¿busco ahora el favor de los hombres,
o el de Dios? ¿O trato de agradar a los
hombres? Pues si todavía agradara a los
hombres, no sería siervo de Cristo.

[GÁLATAS 1:10]

No sirviendo al ojo, como los que
quieren agradar a los hombres, sino
como siervos de Cristo, de corazón
haciendo la voluntad de Dios.

[EFESIOS 6:6]

ATRÉVASE A SER DIFERENTE

Si usted va a vencer la inseguridad y va a ser la persona que fue llamada a ser en Cristo, *usted tiene que atreverse a ser diferente.* Para llegar a ser usted mismo con pleno éxito, usted va a tener que arriesgarse a no ser como los demás.

Convertirse en una persona que busca agradar a los hombres es una de las cosas más fáciles que podemos hacer pero que, a fin de cuentas, nos puede llevar a ser muy infelices. Cuando comenzamos a agradar a las demás personas, comenzamos a oír comentarios que nos hacen sentir bien acerca de nosotros mismos. Eso está bien siempre que no derivemos nuestro sentido de valía de ello. Como creyentes, nuestro sentido de valía tiene que estar arraigado y sobreedificado en el amor de Dios.

Valemos algo porque Dios envió a su único Hijo para morir por nosotros. Valemos algo porque Dios nos ama, no por lo que todos los demás piensen o digan acerca de nosotros.

Como seguidores de Cristo, se supone que nos dejemos guiar por el Espíritu, no que seamos controlados por las personas, haciendo lo que todos los demás quieren que hagamos, porque pensemos que eso nos vaya a ganar aprobación y aceptación. De la misma manera, no debemos de tratar de controlar a los demás, sino permitir que sean guiados por el Espíritu al igual que nosotros.

No encajone a Dios. Él tiene muchas maneras de llevarle si usted permite que Él sea el Líder mientras que usted es el seguidor.

La Palabra de Dios para usted

En cuanto a ustedes, la unción que de él recibieron permanece en ustedes, y no necesitan que nadie les enseñe. Esa unción es auténtica—no es falsa—y les enseña todas las cosas. Permanezcan en él, tal y como él les enseñó.

[1 JUAN 2:27, NVI]

APRENDA A LIDIAR CON LAS CRÍTICAS

S i usted va a vencer la inseguridad, *usted tiene que aprender a lidiar con la crítica.*

¿Es usted una persona que se autovalida, o necesita validación externa? La validación externa es cuando necesita que alguien le diga que usted está bien. La autovalidación es tomar acción según le dirija el Espíritu Santo que haga.

Cuando oímos de parte de Dios, a menudo consultamos demasiado con las personas. Con el Espíritu Santo en nosotros, no necesitamos consultar con los demás. El autor de los Proverbios dice que "en la multitud de consejeros hay seguridad" (Proverbios 11:14). La respuesta es ser obediente al Espíritu sin despreciar el consejo de aquellos quienes son más sabios que nosotros.

Tenemos que aprender a ser lo suficientemente seguros como para saber lidiar con la crítica sin sentir que hay algo mal con nosotros. No podemos caer en ataduras pensando que tenemos que conformarnos a las opiniones de los demás.

Tenga suficiente confianza en quién es usted en Cristo como para escuchar a los demás y estar abierto al cambio sin sentirse obligado a aceptar su punto de vista o tener su aprobación, si usted no siente que sus sugerencias sean las indicadas.

Usted podrá tener defectos y cosas que tengan que ser cambiadas, pero Dios está obrando en usted al igual que lo hace con todos los demás.

La Palabra de Dios para usted

Porque nosotros somos la circuncisión, los que en espíritu servimos a Dios y nos gloriamos en Cristo Jesús, no teniendo confianza en la carne.

[FILIPENSES 3:3]

Descubra la verdadera
fuente de la confianza

La clave más importante a volverse más seguros es *descubrir la verdadera fuente de la confianza.* ¿En qué coloca usted su confianza? Esa pregunta tiene que estar aclarada antes de que usted pueda tener la confianza en Dios. Antes de que su confianza pueda estar puesta en Él, usted tiene que remover su confianza de las demás cosas.

¿Está Dios tratando con usted respecto a dónde ha colocado su confianza? ¿Acaso está puesta en el matrimonio? ¿En un grado universitario? ¿En su empleo? ¿En su pareja? ¿En sus hijos?

No debemos colocar nuestra confianza en nuestra educación, en nuestra apariencia, en nuestra posición, nuestros dones, nuestros talentos, o en las opiniones de los demás. Nuestro Padre celestial nos dice: "Basta ya; ya es hora de dejar ir todas esas cosas carnales a las que ha estado aferrado por tanto tiempo. ¡Es hora de colocar su confianza en mí, y solamente en mí!".

Usted tiene que llegar al lugar en donde su confianza esté puesta, no en la carne sino en Cristo Jesús. Aprenda a confiar en Él: "Encomienda a Jehová tu camino, y confía en él; y él hará" (Salmo 37:5).

Permita que el Señor sacuda de su vida los falsos sentidos de confianza, valía, seguridad y bienestar que usted se ha esforzado tanto de derivar de las cosas terrenales.

Cuando sienta depresión

Para vivir como Dios quiere que vivamos, lo primero que tenemos que hacer es verdaderamente creer que es la voluntad de Dios que experimentemos un gozo constante.

La Palabra de Dios para usted

Pacientemente esperé a Jehová, Y se inclinó a mí, y oyó mi clamor. Y me hizo sacar del pozo de la desesperación, del lodo cenagoso; Puso mis pies sobre peña, y enderezó mis pasos. Puso luego en mi boca cántico nuevo,

*alabanza a nuestro Dios. Verán esto
muchos, y temerán, y confiarán en Jehová.*

[SALMO 40:1–3]

*Alegraos en Jehová y gozaos, justos;
Y cantad con júbilo todos vosotros
los rectos de corazón.*

[SALMO 32:11]

Quinta parte

Cuando sienta depresión

Personas de todos los ámbitos tienen sus luchas con la depresión. Hay muchas causas subyacentes por la depresión y hay una variedad de tratamientos disponibles para lidiar con ello. Algunos son efectivos, pero muchos no lo son. Algunos ayudan de manera provisional pero jamás pueden remover el tormento de la depresión de manera permanente. La buena noticia es que Jesús puede sanar la depresión y librarnos de ella.

Dios nos ha dado su gozo para combatir la depresión. Si usted es un creyente en Jesucristo, el gozo del Señor habita en usted. Muchos creyentes saben esto pero no tienen la más mínima idea de cómo acceder o librar ese gozo. Necesitamos experimentar lo que es nuestro como resultado de nuestra fe en Jesucristo. *¡Es la voluntad de Dios que experimentemos el gozo!*

Personalmente, tuve problemas con la depresión hace mucho tiempo atrás. Pero gracias a Dios que aprendí que no tenía que permitir que el sentimiento negativo de la depresión me dominara. ¡Aprendí a liberar el gozo del Señor en mi vida!

No importa cuánto haya pasado en la vida o lo que esté atravesando ahora, si usted es un creyente en Jesucristo, usted tiene su gozo en su interior, y usted puede aprender a liberarlo para vencer la depresión.

La razón por la cual podemos reír y gozar la vida, a pesar de nuestra situación o circunstancias presentes, es porque Cristo es nuestro gozo.

La Palabra de Dios para usted

. . . pero una cosa hago: olvidando ciertamente lo que queda atrás, y extendiéndome a lo que está delante.

[FILIPENSES 3:13]

LIDIE CON LA DECEPCIÓN

Todos tenemos que lidiar con la decepción en algún momento dado. A ninguna persona viva le ha salido todo en la vida tal cual se lo esperaban.

Cuando las cosas no prosperan o resultan exitosas conforme a nuestro plan, la primera emoción que sentimos es la decepción. Esto es normal. No hay nada malo con sentirse decepcionado. Pero tenemos que saber qué hacer con ese sentimiento o, de lo contrario, se convertirá en algo mucho más serio.

No podemos vivir en este mundo sin experimentar la decepción, pero ¡en Cristo siempre podemos recibir la restauración!

El apóstol Pablo dijo que una lección importante que había aprendido en la vida era dejar todo atrás y ¡esforzarse hacia lo que tenía por delante!

Cuando nos decepcionamos, pero somos restaurados de inmediato, eso es precisamente lo que estamos haciendo. Estamos dejando ir las causas de la decepción y esforzándonos hacia lo que Dios tiene para nosotros. Recibimos una nueva visión, un nuevo plan, una nueva idea, una perspectiva fresca, una nueva conciencia, y cambiamos nuestro enfoque hacia eso. *¡Nos decidimos a cambiar la página!*

¡Cada día es un nuevo comienzo!
Podemos dejar atrás las
decepciones del ayer y darle a
Dios la oportunidad de hacer algo
maravilloso por nosotros hoy.

La Palabra de Dios para usted

Pero a medianoche, orando Pablo y Silas,
cantaban himnos a Dios . . . Entonces
sobrevino de repente un gran terremoto, de
tal manera que los cimientos de la cárcel se
sacudían; y al instante se abrieron todas las
puertas, y las cadenas de todos se soltaron.

[HECHOS 16:25–26]

Regocijaos en el Señor siempre.
Otra vez digo: ¡Regocijaos!

[FILIPENSES 4:4]

EL PODER DEL REGOCIJO

A través de la Biblia, Dios instruye a su pueblo a estar lleno de gozo y a que se regocije. El apóstol Pablo, inspirado por el Espíritu Santo, instruyó a los filipenses a regocijarse dos veces. Siempre que el Señor nos mande a hacer algo dos veces, debemos prestar atención precisa a lo que nos dice.

Muchas veces, las personas ven o escuchan la palabra regocijo y dicen: "Eso suena bonito, pero ¿cómo hago eso?". ¡Quisieran regocijarse pero no saben cómo hacerlo!

Pablo y Silas, quienes habían sido golpeados, lanzados al calabozo, y con los pies puestos en el cepo, se regocijaron con sencillamente cantar alabanzas a Dios. Escogieron regocijarse, a pesar de sus circunstancias.

El mismo poder que abrió las puertas y quebrantó las cadenas sobre Pablo y Silas y a los que estaban con ellos allí detenidos, está disponible hoy para quienes están presos en el calabozo de la depresión.

*El gozo puede ser cualquier cosa
desde el deleite tranquilo hasta
la hilaridad extrema. El gozo
mejora nuestro semblante, nuestra
salud y nuestra calidad de vida.
Fortalece nuestro testimonio ante
los demás y ayuda a que las
circunstancias menos deseables
de la vida sean más soportables.*

La Palabra de Dios para usted

*. . . porque el gozo de Jehová
es vuestra fuerza.*

[NEHEMÍAS 8:10]

*Pero de ninguna cosa hago caso, ni estimo
preciosa mi vida para mí mismo, con tal que
acabe mi carrera con gozo, y el ministerio
que recibí del Señor Jesús, para dar
testimonio del evangelio de la gracia de Dios.*

[HECHOS 20:24]

PROPULSE LA BOMBA

Cuando no nos sintamos gozosos, tenemos que tomar acción para liberar el gozo antes de que entremos en depresión. A veces tenemos que comenzar a regocijarnos aunque queramos o no. Es como propulsarle carga a una bomba al mover la manigueta de arriba hacia abajo repetidamente hasta que la bomba comienza a funcionar y el agua empieza a fluir.

Recuerdo que mis abuelos tenían una bomba antigua. Recuerdo, de niña, que estaba parada en el lavabo, moviendo la manigueta, y a veces sentía que nunca funcionaría para empezar a suplir agua. Sentía como si eso no estuviese conectado a nada, y tan solo bombeaba aire.

Pero si no me rendía, pronto se me haría más difícil mover la manigueta de arriba hacia abajo. Eso era un indicio de que el agua estaba a punto de fluir en breve.

Así es con el gozo. Tenemos un pozo de agua en el interior de nuestro espíritu. La manigueta que la ha de subir es la exuberancia física: la sonrisa, el cántico, la risa, y así sucesivamente. Puede que las expresiones físicas no parezcan estar haciendo ningún bien al principio. Y se hace hasta más difícil después de un rato, pero si persistimos, entonces pronto el gozo fluirá a borbotones.

❧

Si el gozo es un fruto del Espíritu, y el Espíritu está en usted, entonces el gozo está en usted. Lo que tenemos que aprender es la manera de liberarlo.

La Palabra de Dios para usted

¿Por qué te abates, oh alma mía, y te turbas dentro de mí?
Espera en Dios; porque aún he de alabarle, Salvación mía y Dios mío.

[SALMO 42:5]

ESPERE EN DIOS CON EXPECTATIVA

¿**S**e siente abatida su alma? En ocasiones la mía se siente así. Así se sintió la de David. Cuando se sintió así, David puso su esperanza en Dios y esperó en Él, alabándole por ser su socorro y su Dios.

Para vencer sus sentimientos abatidos y sus emociones, David utilizó cánticos y gritos de liberación. Por eso es que muchos de sus salmos son cánticos de alabanza a Dios para cantarse en medio de situaciones difíciles.

David sabía que cuando decaía, su semblante decaía con él. Por eso es que se hablaba a sí mismo, a su alma (la mente, la voluntad y las emociones), y se fortalecía y se reanimaba en el Señor (1 Samuel 30:6).

Cuando nos encontramos en ese mismo estado depresivo, debemos esperar en el Señor con expectativa, adorando a Aquel quien es nuestro Socorro y nuestro Dios, y fortaleciéndonos en Él.

Nosotros los que somos justos, en posición correcta con Dios, por creer en Jesucristo, nosotros los que nos refugiamos y ponemos nuestra confianza en el Señor, ¡podemos dar cánticos y gritos de gozo! El Señor nos cubre y nos defiende. ¡Él pelea nuestras batallas por nosotros cuando le adoramos (2 Crónicas 20:17, 20–21)!

———— ❧ ————

Usted y yo debemos concientizar
y recordar que la depresión no
es parte de nuestra herencia
en Jesucristo. No es parte de la
voluntad de Dios para sus hijos.

————————————

La Palabra de Dios para usted

Sed sobrios, y velad; porque vuestro
adversario el diablo, como león rugiente,
anda alrededor buscando a quien devorar;
al cual resistid firmes en la fe, sabiendo que
los mismos padecimientos se van cumpliendo
en vuestros hermanos en todo el mundo.

[1 PEDRO 5:8–9]

RESISTA LA DEPRESIÓN INMEDIATAMENTE

Existen muchas causas de depresión, pero una sola fuente: Satanás. Quiere mantenernos hundidos y sintiéndonos mal respecto a nosotros mismos para que no podamos recibir todo aquello por lo cual Jesús murió para darnos.

No importan cuáles sean las causas de la depresión, física, mental, emocional o espiritual, tan pronto como sintamos venir la depresión, tenemos que resistirla inmediatamente y tomar cualquier acción que el Señor nos dirija a tomar.

No juegue con la depresión. Tan pronto comencemos a sentirnos decepcionados, tenemos que decirnos: "Más vale que haga algo al respecto de esto antes de que se ponga peor". Si no lo hacemos, en última instancia nos sentiremos desanimados, y luego deprimidos. Jesús nos dio el "manto de alegría" para ponernos en lugar del "espíritu angustiado" (Isaías 61:3). Si no utilizamos lo que el Señor nos ha dado, caeremos aún más profundo en el abismo de la depresión y podríamos terminar en grandes problemas.

Resistir a Satanás desde el principio evitará incidencias extendidas de depresión. Resistimos al diablo al someternos a Dios y al portar la espada del Espíritu, la cual es su Palabra (Efesios 6:17).

Siempre que sintamos que algo no es parte de la voluntad de Dios para nosotros, ahí es que tenemos que empezar a portar la espada afilada de doble filo de la Palabra.

La Palabra de Dios para usted

Ahora, pues, ninguna condenación hay para los que están en Cristo Jesús, los que no andan conforme a la carne, sino conforme al Espíritu.

[ROMANOS 8:1]

No hay condenación

Una de las herramientas que Satanás utiliza para tratar de hacernos sentir mal es la condenación, la cual bien podría ser una causa para la depresión. Según esta escritura, los que estamos en Cristo Jesús ya no estamos condenados, ya no estamos incorrectos ni somos juzgados culpables. Pero, con mucha frecuencia, nos condenamos y juzgamos a nosotros mismos.

Pasé gran parte de mi vida sintiéndome culpable, hasta que aprendí y entendí la Palabra de Dios. Si alguien me hubiera preguntado por qué me sentía culpable, no hubiera podido responderle. Todo lo que sabía era que había un sentido ambiguo de culpa que me seguía en todo momento.

De esa experiencia, Dios me dio una verdadera revelación respecto a caminar libre de culpa y condenación. El Señor me mostró que usted y yo no tan solo debemos recibir su perdón, sino que también debemos perdonarnos a nosotros mismos. Debemos dejar de flagelarnos a nosotros mismos por algo que el Señor ya perdonó y olvidó (Jeremías 31:34; Hechos 10:15).

Creo que es casi imposible deprimirse si se mantiene la mente bajo un control estricto. Por eso es que en Isaías 26:3 se nos dice que Dios nos guardará en perfecta paz, si mantenemos la mente puesta en Él.

Dios le tiene nuevas cosas en el horizonte de su vida, pero jamás las verá si vive y revive el pasado.

La Palabra de Dios para usted

Aunque mi padre y mi madre me dejaran, con todo, Jehová me recogerá.

[SALMO 27:10]

Mirad cuál amor nos ha dado el Padre, para que seamos llamados hijos de Dios.

[1 JUAN 3:1]

DIOS NO NOS RECHAZA

E l rechazo causa depresión. Ser rechazado significa ser desechado como quien no es querido ni tiene valor. Fuimos creados para la aceptación, no para el rechazo. El dolor emocional del rechazo es uno de los dolores más profundos que se conoce. Esto es así particularmente si el rechazo proviene de alguien a quien amamos o de quien se espera que nos ame, tal como nuestros padres o una pareja.

Si usted ha estado deprimido, podría ser debido a una raíz de rechazo en su vida. El vencer el rechazo ciertamente no es fácil, pero lo podemos vencer mediante el amor de Jesucristo.

En Efesios 3:18, Pablo oró por la iglesia, que pudieran conocer "lo ancho, lo alto y lo profundo" del amor que Dios tenía por ellos y que lo experimentaran por cuenta propia. Dijo que esta experiencia sobrepasaba por mucho el mero conocimiento.

Esté pendiente a todas las maneras en que Dios muestra su amor por usted, y vencerá el rechazo que puede haber experimentado de las demás personas. Siempre que Dios nos da favor, nos muestra que nos ama. Hay muchas maneras en que Dios muestra su amor por nosotros en todo momento; sencillamente tenemos que estar pendientes a ello.

El tener una revelación profunda respecto al amor de Dios por nosotros nos guardará de la depresión.

La Palabra de Dios para usted

Para alabanza de la gloria de su gracia, con la cual nos hizo aceptos en el Amado.

[EFESIOS 1:6]

ESCUCHE LO QUE DIOS DICE DE USTED

Dios no quiere que nos sintamos frustrados y condenados. Quiere que realicemos que Él tiene complacencia en nosotros tal cual somos.

El diablo sigue tratando de decirnos lo que no somos, pero Dios nos sigue tratando de decir lo que somos: sus hijos amados en quienes Él encuentra complacencia.

Dios nunca nos recuerda cuán bajo hemos caído. Siempre nos recuerda lo alto que hemos subido. Nos recuerda lo mucho que hemos superado, lo preciados que somos a su vista, y lo mucho que nos ama.

El diablo nos dice que no hay forma de que seamos aceptos en Dios porque no somos perfectos, pero Dios nos dice que somos aceptos en el Amado por lo que ya Él ha hecho por nosotros.

Dios quiere que sepamos que su mano está sobre nosotros, que sus ángeles nos cuidan y que su Espíritu Santo está ahí para ayudarnos en todo lo que hacemos.

Quiere que sepamos que Jesús es nuestro Amigo, y que en la medida en que andemos con Él de día a día, cosas buenas van a ocurrir en nuestras vidas.

Si escuchamos a Dios en lugar del diablo, nos dará una paz respecto al pasado, un gozo para el presente, y esperanza por el futuro.

Cuando sienta temor

Podemos vivir sin temor al edificar nuestra fe sobre lo que Dios ha dicho en su Palabra.

La Palabra de Dios para usted

No temas, porque yo estoy contigo; no desmayes, porque yo soy tu Dios que te esfuerzo; siempre te ayudaré, siempre te sustentaré con la diestra de mi justicia.

[ISAÍAS 41:10]

Sexta parte

Cuando sienta temor

Uno de los beneficios disponibles para nosotros en nuestra herencia espiritual como creyente en Jesucristo es la libertad del temor. Pero si aún tenemos miedo, sabemos que podemos proseguir y actuar sobre lo que Dios dice, porque Dios estará con nosotros para protegernos. Él nos ayudará, irá antes de la batalla para pelear por nosotros o librarnos, trayéndonos en victoria mientras le obedecemos.

Si usted siente que se ha perdido de algunas bendiciones en la vida debido al temor, usted puede aprender a manejar o vencer el temor y comenzar a experimentar la vida abundante que Dios ha preparado para usted.

El mensaje de "no temas porque Yo, el Señor, estoy contigo" se expresa de muchas maneras distintas a través de la Biblia. Dios no quiere que temamos porque el temor impide que recibamos y hagamos todo lo que Él tiene preparado para nosotros. El Señor nos ama y quiere bendecirnos, y ha provisto maneras para que no temamos.

La única actitud y confesión aceptables que un cristiano puede tener hacia el temor es ésta: "¡Esto no es de Dios, y no dejaré que controle mi vida! Confrontaré el temor, porque es un espíritu enviado del infierno para atormentarme".

Dios tiene un plan para su vida. Reciba su plan colocando su fe en Él. Decida hoy que jamás permitirá que un espíritu de temor intimide y domine su vida.

Jesús es su Libertador. Cuando usted le busque diligentemente, le liberará de todo temor.

La Palabra de Dios para usted

No temáis; estad firmes, y ved la salvación que Jehová hará hoy con vosotros.

[ÉXODO 14:13]

. . . el diablo . . . ha sido homicida desde el principio, y no ha permanecido en la verdad, porque no hay verdad en él. Cuando habla mentira, de suyo habla; porque es mentiroso, y padre de mentira.

[JUAN 8:44]

EL TEMOR ES FALSEDAD

Jesús dijo que el diablo era un mentiroso y que es el padre de toda mentira. La verdad no está en él. El diablo intenta utilizar la falsedad para engañar al pueblo de Dios y hacer que entre en temor, así no tendrá el denuedo suficiente para ser obediente al Señor y alcanzar las bendiciones que tiene deparadas para sus hijos.

Con frecuencia, el temor de algo es peor que la cosa misma. Si somos valientes y determinados a hacer aquello que tememos, descubriremos que no era tan malo como temíamos.

A través de la Palabra de Dios vemos que el Señor le dice "no temáis" a su pueblo. Creo que la razón por la cual hizo eso fue para que no permitan que Satanás les robe la bendición.

Del mismo modo, por cuanto el Señor sabe que somos temerosos, nos sigue exhortando y motivando a esforzarnos hasta pasar lo que tengamos por delante para hacer su voluntad. ¿Por qué? Porque sabe que grandes bendiciones nos esperan.

Otra definición del temor es "la prueba falsa que parece ser real". El enemigo le quiere decir que su situación actual es prueba de que su futuro será un fracaso, pero la Biblia nos enseña que a pesar de nuestras circunstancias presentes, con Dios nada es imposible (Marcos 9:17–23).

Usted reconocerá las mentiras de Satanás solamente cuando conozca la Palabra de Dios. Confiese la Palabra de Dios, y le llevará a un lugar de victoria.

La Palabra de Dios para usted

*Porque no nos ha dado Dios espíritu
de cobardía, sino de poder, de
amor y de dominio propio.*

[2 TIMOTEO 1:7]

¡No hay temor!

Todos hemos vivido lo que es comenzar a dar un paso de fe, y cómo el temor llega con tan sólo pensar en ello. Tenemos que concientizar que la fuente del temor es Satanás. La Palabra dice que "en el amor no hay temor, sino que el perfecto amor echa fuera el temor; porque el temor lleva en sí castigo. De donde el que teme, no ha sido perfeccionado en el amor" (1 Juan 4:18).

Satanás envía el temor para tratar de atormentarnos hasta que estemos tan llenos de duda y sintiéndonos miserables, que nos impida de hacer lo que Dios quiere que hagamos y recibamos todo lo que Dios tiene para nosotros.

Podemos vivir sin temor al edificar nuestra fe sobre lo que Dios ha dicho en su Palabra. Cuando abrimos nuestras bocas y confesamos lo que el Señor nos dice y con respecto a nosotros, la Palabra de Dios nos dará el poder para vencer los temores que nos atormentan y limitan.

Cuando nos veamos tratando de evitar la confrontación con alguna situación en nuestras vidas debido al temor o al pavor, o a la duda o al raciocinio, debemos de orar y pedirle a Dios que haga por nosotros lo que prometió en su Palabra: ir delante de nosotros y abrir el camino para nosotros.

Pídale a Dios que le fortalezca su hombre interior, que su poder le llene, y que usted no sea sobrevenido con la tentación de ceder ante el temor.

La Palabra de Dios para usted

Pues no habéis recibido el espíritu de esclavitud para estar otra vez en temor, sino que habéis recibido el espíritu de adopción, por el cual clamamos: ¡Abba, Padre!

[ROMANOS 8:15]

¡NO TEMERÉ!

El temor roba a muchas personas de su fe.

El temor al fracaso, el temor a los hombres y el temor al rechazo son algunos de los temores más fuertes utilizados por Satanás para impedir que progresemos. Pero no importa qué tipo de temor el enemigo envíe contra nosotros, lo importante es vencerlo. Cuando enfrentemos al temor, no debemos ceder ante él. Es imperativo a nuestro triunfo que nos determinemos: "¡No temeré!".

La reacción normal ante el temor es la huída. Satanás quiere que huyamos; Dios quiere que permanezcamos firmes y veamos su liberación.

Muchas personas no confrontan los problemas debido al temor; se pasan la vida huyendo. Tenemos que aprender a estar firmes y enfrentar el temor, seguros en el conocimiento de que somos más que vencedores (Romanos 8:37).

El temor al fracaso atormenta a multitudes. Le tenemos miedo a lo que las personas vayan a pensar de nosotros si fracasamos. Si damos un paso y fracasamos, algunos podrían enterarse de ello, pero se olvidan rápidamente si nosotros lo olvidamos y seguimos adelante.

Es mejor intentar algo y fracasar que intentar nada y tener éxito.

Viva la vida con denuedo. El Espíritu del Señor está en usted, así que decídase a no temer.

La Palabra de Dios para usted

La oración eficaz del justo puede mucho.

[SANTIAGO 5:16]

ORE POR TODO Y NO TEMA A NADA

Hace un tiempo atrás el Señor me habló estas palabras y me dijo: "Ora por todo y no temas a nada". Durante el próximo par de semanas, me mostró varias cosas distintas respecto a la oración y el temor. Muchas de ellas tuvieron que ver con pequeñas áreas en las que el temor trataría de entrar a mi vida y causarme problemas. Me mostró que en todo caso, no importa cuán grande e importante o cuán pequeño e insignificante sea, la solución es orar.

A veces nos atemorizamos al quedarnos mirando nuestras propias circunstancias. Mientras más nos enfocamos en el problema, más temerosos nos volvemos. Por otra parte, estamos supuestos a mantener nuestro enfoque puesto en el Señor. Él es capaz de manejar cualquier cosa que tengamos que enfrentar en esta vida.

Dios ha prometido fortalecernos, endurecernos ante las dificultades, sostenernos y retenernos con su diestra vencedora. No nos manda a jamás sentir temor, sino a no dejar que el temor nos controle.

El Señor nos dice personalmente: "No temas, porque yo te ayudaré". Pero jamás experimentaremos la ayuda de Dios hasta que lo arriesguemos todo, hasta que seamos obedientes para dar el paso de fe.

Cuando sienta temor, no retroceda ni huya. Por el contrario, ore y camine hacia adelante aunque sienta miedo.

La Palabra de Dios para usted

Y si alguno de vosotros tiene falta de sabiduría, pídala a Dios, el

cual da a todos abundantemente
y sin reproche, y le será dada.
Pero pida con fe, no dudando nada;
porque el que duda es semejante a la
onda del mar, que es arrastrada por el
viento y echada de una parte a otra.
No piense, pues, quien tal haga, que
recibirá cosa alguna del Señor.

[SANTIAGO 1:5–7]

La fe: El antídoto para el temor

La fe es el único antídoto para el temor.

Si usted o yo bebiéramos algún veneno, tendríamos que tomar un antídoto, o el veneno podría causarnos daños graves, inclusive hasta la muerte. De igual manera actúa la toxina venenosa del temor. Tiene que haber un antídoto para él, y el único antídoto para el temor es la fe.

Cuando el temor llega a tocar a nuestras puertas, tenemos que responder con fe, porque ninguna otra cosa es eficaz contra él. Y la oración es el vehículo principal que porta la fe.

La fe debe llevarse hasta el problema y ser liberada de algún modo. Es posible orar sin fe (lo hacemos a cada rato), pero es imposible tener fe verdadera *sin* orar.

Santiago nos dice que cuando nos encontramos en necesidad de algo, que debemos orar y pedírselo a Dios de manera sencilla y con fe. Estas dos palabras son de suma importancia. La manera en que hacemos eso es simplemente orando y teniendo fe, creyendo que recibiremos lo que pidamos a Dios conforme a su voluntad y su plan divino.

Ponga su fe en el Señor. Él tiene el poder de librarle de todo temor.

La Palabra de Dios para usted

Pero Jehová había dicho a Abram: Vete de tu tierra y de tu parentela, y de la casa de tu padre, a la tierra que te mostraré.

[GÉNESIS 12:1]

¡Hágalo con temor!

¿Cómo se sentiría usted si Dios le dijera que abandone su hogar, su familia, y todo lo que le es familiar y cómodo para salir a quién sabe dónde? ¿Lleno de temor? Ese fue precisamente el reto que Abram enfrentó, y le atemorizó. Por eso que Dios le decía vez tras vez: "No temas".

Elisabeth Elliot, cuyo marido fue asesinado junto a otros cuatros misioneros en Ecuador, cuenta que su vida era controlada completamente por el temor. Cada vez que iba a dar un paso, el temor la detenía. Una amiga le dijo algo que la liberó. Le dijo: "¿Por qué no lo haces con temor?". Elisabeth Elliot y Rachel Saint, hermana de uno de los misioneros asesinados, llegaron a evangelizar a las tribus indígenas, incluyendo a las personas que asesinaron a su esposo y su hermano, respectivamente.

Si esperamos a no tener miedo para hacer algo, es probable que logremos muy poco para Dios, los demás, o hasta para nosotros mismos. Tanto Abram como Josué tuvieron que dar un paso de fe y obediencia a Dios, y hacer lo que les mandó a hacer, con temor. ¡Tenemos que hacer lo mismo!

> *Determine que su vida no va
> a ser dominada por el temor
> sino por la Palabra de Dios.*

La Palabra de Dios para usted

*Después de estas cosas vino la palabra
de Jehová a Abram en visión, diciendo:
No temas, Abram; yo soy tu escudo, y
tu galardón será sobremanera grande.*

[GÉNESIS 15:1]

EL TEMOR Y LA OBEDIENCIA PRODUCEN GRANDES RECOMPENSAS

En Génesis 12:1, Dios le da tremenda orden a Abram. En pocas palabras le dijo: "Recoge todo y deja atrás a todos los que conozcas y todo con lo que estés cómodo, y ve a un lugar que Yo te mostraré".

Si Abram hubiese doblado la rodilla ante el temor, el resto de la historia nunca se hubiera dado. Jamás hubiera experimentado a Dios como su escudo, su gran galardón, y jamás hubiera recibido su recompensa sobreabundante.

De la misma manera, si Josué no hubiera vencido su temor para ser obediente al mandato de Dios de llevar a su pueblo a la Tierra Prometida, ni él ni ellos hubieran gozado de todo lo que Dios tenía preparado y provisto para ellos.

Hay poder en la Palabra de Dios para empoderarnos y dejar de doblar la rodilla ante el temor y ceder a los deseos del diablo. Podemos hacer lo que Dios quiere que hagamos, aún si tenemos que hacerlo con temor. Tenemos que seguir diciendo: "Señor, fortaléceme. Esto es lo que me has mandado a hacer, y lo haré con tu ayuda, porque es tu voluntad revelada a mi vida. He determinado que mi vida no será regida por el temor sino por tu Palabra".

Dios no siempre nos libera "de" las cosas; muchas veces nos lleva "a través" de ellas.

La Palabra de Dios para usted

De manera que podemos decir
confiadamente: El Señor es mi ayudador;
no temeré lo que me pueda hacer el hombre.

[HEBREOS 13:6]

COMBATA EL TEMOR CON LA ORACIÓN

El temor ataca a todos. Es la manera en que Satanás nos atormenta e impide que disfrutemos la vida que Jesús murió para darnos. Si aceptamos los temores que Satanás ofrece y les damos una voz, abrimos la puerta al enemigo y le cerramos la puerta a Dios.

Tenemos que aprender a hacer tal como hicieron David y el autor de la carta a los Hebreos, al confesar confiadamente que Dios es nuestro Auxilio, nuestro Refugio y nuestra Fortaleza.

Satanás busca debilitarnos mediante el temor, pero Dios nos fortalece mientras entramos en comunión con Él en oración. La Biblia nos enseña a velar y a orar: "Velad y orad, para que no entréis en tentación; el espíritu a la verdad está dispuesto, pero la carne es débil" (Mateo 26:41). La referencia principal en esta selección es a vigilarnos a nosotros mismos y a los ataques que el enemigo lanza contra nuestras mentes y emociones.

Cuando se perciban estos ataques, debemos orar inmediatamente. Debemos recordar que cuando oramos es que se desata poder contra el enemigo, no cuando pensamos en dejar la oración para después.

Vele y ore por todo. Creo que usted encontrará que esta decisión será la que le produzca más gozo y paz en su vida cotidiana.

Si vamos a tener victoria verdadera sobre el enemigo, debemos resistirle en oración con fe.

Acerca de la autora

JOYCE MEYER ha enseñado la Palabra de Dios desde 1976, y se ha dedicado al ministerio a tiempo completo desde 1980. Es autora de más de cien exitosos libros inspiradores, incluyendo *Adicción a la aprobación*, *Mujer segura de sí misma*, *Cómo oír a Dios* y *El campo de batalla de la mente*. También ha producido miles de estudios en audio, así como una biblioteca de vídeo completa. Su programa de radio y televisión *Disfrutando la vida diaria*, se transmite por cientos de cadenas de televisión y estaciones de radio mundialmente; y viaja extensamente para impartir conferencias. Joyce y su esposo Dave son padres de cuatro hijos adultos y viven en la ciudad de San Luis, Misuri.

Para contactar a la autora escriba:
Joyce Meyer Ministries
P. O. Box 655
Fenton, Missouri 63026
O llame a: (636) 349-0303
1-800-727-9673

Dirección de internet: www.joycemeyer.org

*Por favor, incluya su testimonio o la ayuda
recibida de este libro cuando escriba. Sus
pedidos de oración son bienvenidos.*

Joyce Meyer Ministries—Canadá
P.O. Box 7700
Vancouver, BC V6B 4E2
Canada
1 (800) 868-1002

Joyce Meyer Ministries—Australia
Locked Bag 77
Mansfield Delivery Centre
Queensland 4122
Australia
+61 7 3349 1200

Joyce Meyer Ministries—Inglaterra
P.O. Box 1549
Windsor SL4 1GT
United Kingdom
+44 1753 831102

*Los mensajes de Joyce se pueden ver en una
variedad de idiomas en: tv.joycemeyer.org.*